LA PAPETERIE

CHIFFONS — ESSAIS DIVERS

Fabrication des pâtes à papier par les plantes textiles
de l'Algérie

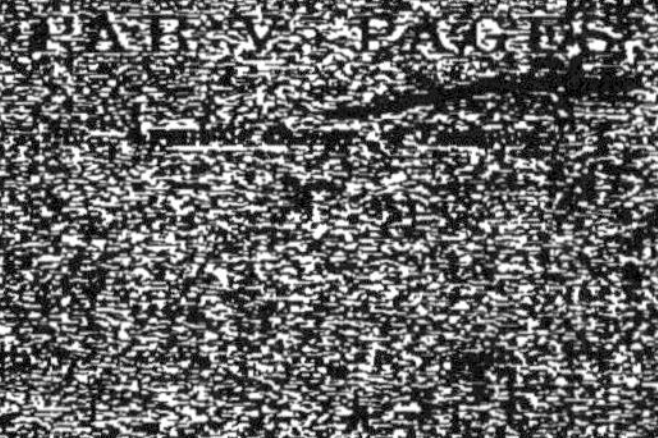

PROCÉDÉ BOUNEVIALLE BREVETÉ S.G.D.G.

PAR V. PAGÈS

LA PAPETERIE

CHIFFONS — ESSAIS DIVERS.

Fabrication des pâtes à Papier par les plantes textiles
de l'Algérie.

PROCÉDÉ BOUNEVIALLE BREVETÉ S. G. D. G.

PAR V. PAGÈS,

Agent de change, à Toulouse.

TOULOUSE,

DELBOY, Libraire-Éditeur,

RUE DE LA POMME, 74.

1860.

Toulouse. — Impr. H. de LABOUISSE-ROCHEFORT, rue des Balances, 43.

DE LA PAPETERIE.

Chiffons. — Plantes textiles de l'Algérie.

M. BOUNEVIALLE, D'ALGER, BREVETÉ S. G. D. G.

Le jour où la lettre de l'Empereur au Ministre d'Etat fut insérée au *Moniteur universel* (15 janvier 1860), le monde industriel s'émut vivement de dispositions nouvelles qui, en établissant la concurrence avec nos voisins, mettait la France dans l'obligation d'embrasser ce système de recherches, de perfectionnements inséparables d'une lutte avec les produits étrangers. Nous ne rapporterons pas ici les appréciations diverses dont la presse se fit l'écho : à nos yeux, l'application du traité de commerce doit être un grand bienfait pour la France, au double point de vue du bien-être de la population et de notre gloire nationale. Réduire le prix des objets de consommation générale est contribuer puissamment au bien-être de tous, mettre nos usines en présence des produits similaires étrangers ; c'est forcer nos fabricants à sortir des ornières de la routine, pour entrer résoluement dans cette voie d'activité progressive, sans laquelle l'industrie n'est plus qu'un métier.

Le véritable but de pareilles mesures était trop généreux, trop moral pour ne pas trouver en France de nombreuses sympathies, puisqu'il tendait à améliorer notablement la situation du consommateur et à procurer plus d'aisance aux classes pauvres. Quelques branches commerciales acceptèrent franchement la lutte, d'autres se résignèrent; seule l'industrie de la papeterie adressa jusqu'au pied du trône les doléances et les suppliques les plus désespérées. La presse, elle-même, en présence d'une question si importante, s'alarma pour l'avenir de cette industrie : le *Siècle*, la *Patrie*, l'*Ami de la Religion* et plusieurs autres grands journaux de Paris ont consacré à l'étude d'un pareil sujet les recherches les plus sérieuses. Aujourd'hui encore, divers mémoires sont adressés au Ministre par les fabricants et les éditeurs, afin qu'à la levée des prohibitions à l'entrée ne soit pas jointe celle des prohibitions à la sortie, invoquant en leur faveur, les uns la pénurie d'une matière première, que tous les efforts de l'homme resteraient impuissants à produire en plus grande abondance; les autres, forts de la pensée elle-même de l'Empereur, démontrent que loin de diminuer, les papiers affranchis des droits qui pèsent sur les matières premières acquéront une plus-value de 25, 30, 40, 50 % sur les prix actuels. D'après ces chiffres, se trouveraient renversés, en effet, les projets essentiellement philanthropiques qui ont présidé à la conception de pareilles mesures, puisque le résultat obtenu serait diamétralement opposé à celui que l'on se proposait d'atteindre. Le gouvernement poursuit la baisse sur les produits manufacturiers au moyen d'une économie sur l'achat des matières premières, et les dispositions du traité de commerce vont avoir pour conséquence une hausse énorme sur un produit de première nécessité : le papier.

Somme toute, il n'est peut-être pas de question qui ait soulevé à aucune époque de discussions aussi ardentes. Nulle, il est vrai, ne fut plus digne d'intérêt et d'une importance aussi grande.

Quelle est donc la situation de la papeterie en France, en Angleterre, ses conditions de vitalité, le mal qui la menace et les moyens de le conjurer? C'est ce que nous nous proposons d'étudier avec soin.

Du papier.

Il est incontestable que c'est au papier que nous devons attribuer une large part des progrès de la civilisation ; et si l'imprimerie exerça une si grande influence sur nos sociétés modernes, c'est surtout grâce à la facile communication des idées au moyen de cette précieuse substance. A ce titre, l'invention du papier devient une des plus heureuses découvertes de l'esprit humain, comme il est un des auxiliaires les plus puissants de la civilisation. Le rôle important que devait jouer cette matière dans les développements de l'intelligence avait été si bien compris dans tous les âges, que nous trouvons à chaque pas la trace des recherches de tous les peuples pour inventer un procédé qui leur permît de fixer, d'une manière durable, la mobilité des pensées.

Il n'entre pas dans nos projets de retracer ici l'histoire de la papeterie ; cependant une rapide esquisse de ces divers essais est trop digne d'intérêt, pour ne pas rechercher l'origine et les diverses transformations d'une découverte à laquelle la société doit ses plus rapides développements.

Nous retrouvons les premiers vestiges du papier chez cette nation active, dont le génie inquiet porta si loin l'étude des forces de la nature, que l'on ne peut fouiller son histoire sans retrouver à chaque pas comme le germe de toutes nos inventions modernes. L'Egypte, dont nous admirons encore le génie dans la sagesse de ces constitutions, de son gouvernement, dans les sciences, les arts, enfin, dans ces monuments qui surgissent encore, comme le souvenir grandiose et immuable du peuple le plus hardi dans ses conceptions et le plus heureux dans toutes les branches que son intelligence aborda; l'Egypte, disons-nous, devait être la première de ce monde ancien, déjà si remarquable et si profond, à trouver les premiers moyens de perpétuer la pensée en lui donnant un corps.

Ce sont les Egyptiens, en effet, qui imaginèrent de fixer les symboles de la pensée sur des feuilles faites avec la moelle filandreuse contenue dans les tiges de papyrus (plante aquatique qui croît en abondance sur les bords du Nil); et les bienfaits d'une telle découverte prirent bientôt une telle extension, que nous voyons l'écriture déjà très-répandue en Egypte, lorsque les Grecs commencèrent à avoir quelques relations avec ce pays. Ce n'est donc que longtemps après que cette invention commença à se vulgariser au dehors : Champollion-Figeac nous signale l'écriture connue en Grèce vers le xe siècle seulement, tandis que l'on trouve encore des fragments de papyrus en l'an 1822 avant l'ère chrétienne. Le sort des armes devait bientôt ajouter une nouvelle extension à l'usage du papyrus, et le plus heureux résultat de la guerre, pour les Romains, fut moins la soumission de l'Egypte, que la conquête d'une découverte aussi précieuse. Pour comprendre le rôle important que le papier dut jouer en Italie, il suffit de se rappeler le mouvement littéraire et oratoire de la civilisation romaine après les premières guerres puniques.

A partir de cette époque, l'emploi du papyrus fut général jusqu'à la conquête de l'Egypte par les Arabes (VIIIᵉ siècle). Dès cet instant, on ne retrouve plus aucune trace de cette industrie naguère si florissante. Heureusement, elle devait revivre, sous une autre forme, il est vrai, mais par les mêmes causes qui l'avaient fait périr. Pendant que les Arabes étouffaient par la conquête la fabrication des papiers égyptiens, une expédition du même peuple apprenait à Samarcande les moyens de fabriquer le papier de coton que l'on vit paraître pour la première fois à cette époque, et dont la découverte est attribuée aux Chinois.

Dès ce moment, le vrai principe de nos papiers modernes était trouvé, portant en lui-même tous les germes de perfectionnements dont il était susceptible ; et cependant ce n'est que trois siècles plus tard que les Maures d'Espagne, établis à Valence, imaginèrent de remplacer le coton par le chanvre et le lin. Les recherches des Hollandais apportèrent bientôt d'heureuses innovations dans la manipulation des pâtes provenant des chiffons de toile, et dès-lors commença, pour la papeterie, cette voie d'améliorations successives à laquelle nous devons la fabrication actuelle. Les travaux de Seguin, vers la fin du XVIIIᵉ siècle, en 1799, l'invention d'un ouvrier français, Louis Robert, à qui nous devons la machine à fabriquer le papier continu, improprement appelée machine anglaise ; enfin, la dernière machine de sir Edouard Cowper, donnèrent à la papeterie le dernier degré de perfection qu'elle possède aujourd'hui. Ainsi naquit et se développa une industrie à laquelle, nous l'avons déjà dit, nos sociétés modernes doivent une large part des progrès de la civilisation. Aujourd'hui l'extension toujours croissante de la presse en ont fait une des branches commerciales les plus importantes et les plus indispensables.

Personne, en effet, ne se dissimule l'utilité incontestable du papier à notre époque. Confident et auxiliaire puissant de l'intelligence humaine, il reçoit tour-à-tour nos pensées les plus sérieuses comme les plus frivoles. C'est à lui que nous devons nos conventions commerciales, politiques, industrielles, nos livres, nos contracts, nos titres de propriété, etc. C'est par lui que les bienfaits de l'instruction se répandent, et que nous voyons s'agrandir chaque jour le cercle des connaissances dans nos campagnes. Avec de telles conditions de vitalité, une pareille industrie ne pouvait pas rester stationnaire ; chaque jour, chaque heure devait lui donner un nouvel essor, et, en effet, nous voyons la consommation s'accroître en peu de temps dans une proportion considérable. Ainsi, la production de la France, évaluée en 1852 à 45 millions de kilogrammes, s'élevait en 1855 à 52 millions, et doit dépasser aujourd'hui 60 millions. Ce chiffre est facile à comprendre, si l'on songe un instant à la consommation de papier faite par la presse quotidienne et la correspondance journalière, la librairie, les opuscules religieux en particulier; le papier d'emballage, le papier tenture, etc. Grâce à cette extension toujours croissante, la papeterie devenait une des sources les plus fécondes de notre richesse nationale, comme elle est une des plus vieilles gloires de la France. Déjà, depuis longues années, l'Angleterre venait chercher chez nous tous les papiers dont elle avait besoin, lorsque la révocation de l'édit de Nantes, en dispersant de toutes parts un grand nombre de nos compatriotes, créa, chez nos voisins, une industrie dont la France avait eu jusque-là le monopole exclusif. La Grande-Bretagne dut cette acquisition importante à des protestants français réfugiés à Londres, et dès-lors commença pour nous une concurrence tous les jours plus menaçante. Ainsi, l'Angleterre, en 1781, ne produisait que pour 3 millions de papier; en 1783, elle avait déjà atteint 20 millions; enfin, en 1859, les statistiques constatent un chiffre de 150 millions.

Ce rapprochement avec la production française parle plus haut que tous les commentaires sur l'extension toujours croissante de la papeterie chez nos voisins; de plus, nous avons à craindre aujourd'hui, par l'application du traité de commerce, la concurrence sur les prix d'achat d'une matière que nous possédons à l'exclusion de l'Angleterre. Ses immenses filatures de coton fournissent, il est vrai, à la Grande-Bretagne des résidus considérables; mais c'est avec un œil jaloux qu'elle nous envie le lin, le chanvre, enfin, tous ces chiffons de fil que la France possède, et auxquels nous devons ces belles éditions qui sont la gloire de notre librairie. Là où nous employons pour la fabrication de nos papiers 66 °/₀ de toile sur 33 °/₀ de coton, les Anglais sont forcés de mettre la proportion inverse, encore même n'arrivent-ils à ce résultat qu'au prix de sacrifices considérables. Une consommation de plus en plus grande a fait, il est trop vrai, du chiffon une matière presque insuffisante; cependant, malgré cette pénurie, nous pouvons encore alimenter nos papeteries sans avoir besoin de solliciter le secours des marchés étrangers. Ce n'est qu'à cette condition, au contraire, que les fabricants anglais peuvent produire, et la preuve nous en est fournie par le journal *the Economist*, qui établit ainsi l'importation du chiffon en Angleterre en 1858.

Pays expéditeurs.	tonnes	liv. sterl.
Russie	1,668	35,549
Prusse	4,048	86,279
Brême	294	6,276
Hambourg	3,073	65,488
Hollande	135	2,888
Toscane	508	12,954
Etats-Romains	397	9,341
Lombardie et Vénétie	243	5,005
Indes-Orientales	176	3,754
Australie	379	8,077
Pays divers	488	10,525
	11,379	246,133

Si, à ces chiffres, qui prouvent suffisamment avec quels efforts les Anglais parviennent à se procurer la matière première, on ajoute encore la concurrence incessante qui leur est faite par les *Etats-Unis*, dont les besoins sont aussi impérieux que les leurs, et si, d'autre part, on songe que non-seulement la France se suffit à elle-même, mais qu'encore sur les 100 millions de kilogrammes de chiffon qu'elle produit annuellement, formant environ une fabrication de papier dont le chiffre s'élève à 80 millions de francs, 70 restent pour la consommation intérieure, et 10 millions sont enlevés par l'exportation, on comprendra facilement que jusqu'au traité de commerce, la France n'avait pas à craindre les efforts d'une industrie rivale.

Aujourd'hui la situation change de face. En ouvrant nos marchés à la rapacité anglaise, nos usines se voient menacées de voir diminuer considérablement une matière première dont la quantité suffit à peine à leurs besoins. De là ces plaintes, ces mémoires, ces articles sur les journaux, afin que les chiffons ne soient pas compris dans les mesures générales du traité de commerce et aient pour eux le bénéfice d'une législation exceptionnelle. De leur côté, les Anglais n'ont pas manqué de faire auprès de notre gouvernement les démarches les plus actives, afin qu'à la levée des prohibitions à l'entrée fût jointe celle des prohibitions à la sortie. On comprend avec quelle anxiété est attendue, de part et d'autre, la solution d'une si grave question, et nos fabricants ont d'autant plus le droit de trembler devant les conséquences d'une décision qui ne serait pas en leur faveur, que dans leur fiévreuse impatience, les Anglais nous déclarent, dans une lettre datée de Londres, que pourvu que la prohibition à la sortie soit levée, le droit protecteur serait-il de cent pour cent, l'Angleterre viendra nous enlever nos chiffons et surtout nos plus beaux chiffons.

Ainsi, en résumant ces quelques observations sur

l'état actuel de la papeterie, nous trouvons : 1° un accroissement dans la consommation qui menace tous les jours de s'étendre davantage ; 2° une matière première déjà insuffisante ; 3° enfin, des circonstances particulières qui mettent nos usines dans l'impossibilité de conserver le prestige que les beaux papiers d'Angoulême et d'Annonay avaient donné à la France. Il y a même plus qu'une question d'honneur national, la production devient pour nos fabricants, non-seulement onéreuse, mais très-difficile, puisqu'il faudra disputer à l'Angleterre les 100 mille tonnes de chiffons que produit annuellement la France, et qui sont, dès à présent, indispensables à l'alimentation de nos usines.

Ainsi se trouvent suffisamment justifiées les plaintes de nos fabricants; mais, pour nous, le mal ne réside pas entièrement dans les dispositions du traité de commerce. Que le mot *prohibition* disparaisse aujourd'hui entièrement du régime douanier de la France, ou qu'une mesure exceptionnelle mette nos chiffons à l'abri de la rapacité anglaise, le mal existera toujours sous une autre forme, et le jour n'est pas loin où l'insuffisance de la matière première se manifestera de manière à mettre nos fabricants dans le plus grand embarras. L'avenir de la papeterie est une question trop sérieuse, qui touche de trop près aux intérêts les plus graves de la société, pour qu'il ne soit pas utile de rechercher les moyens de remédier au mal que les dispositions les plus bienveillantes du traité de commerce seraient impuissantes à conjurer.

Malheureusement, on ne peut chercher le remède dans l'accroissement de la matière première. Par sa nature même, son origine, le chiffon ne laisse aucun espoir d'en augmenter la production ; ce n'est pas un produit, c'est un rebut, un résidu. Tous les arts industriels peuvent à l'infini multiplier leur matière première, selon que, s'adressant à la richesse du sol, ils développent la culture des plantes, au perfectionnement les moyens d'extraction.

Seul, le chiffon reste en dehors de la loi commune. Non-seulement l'homme le produit à son insu, malgré lui, mais encore l'intérêt personnel le force à en produire le moins possible. Il est inutile de s'étendre davantage sur ce point : chacun comprend que nul ne consentirait à se défaire de son linge ou à le renouveler avant qu'il ne fût complétement usé, quels que fussent les sacrifices que consentiraient à faire les papetiers sur les prix d'achat. D'autre part, on ne peut espérer de trouver des moyens de recueillir plus sûrs que ceux existants aujourd'hui, car personne n'ignore avec quels soins l'intérêt privé recherche ces fragments immondes. Si le chiffonnier de Paris est devenu un type connu de tous, il n'est pas de ville, de village, de hameau où cette singulière industrie ne soit exercée avec tout le soin que mérite une spéculation très-lucrative.

C'est donc en dehors des sources qui alimentent aujourd'hui nos usines que nous devons rechercher les moyens de conjurer le mal. Nous avons vu les besoins de la consommation s'accroître tous les jours, marchant plus vite que la production limitée par son essence même. Substituer un autre élément, un procédé quelconque au chiffon, et malgré cela répondre aux exigences de la presse actuelle, tel est le problème à résoudre.

Essais divers. — Plantes textiles de l'Algérie.

Plusieurs essais ont été tentés tour-à-tour (1). Des matières étrangères employées avec discernement ont donné des résultats heureux, mais on a dû s'arrêter devant les prix élevés de fabrication pour les unes, devant l'insuffisance comme quantité des autres. Les plantes filamenteuses ont attiré surtout l'attention de la science, et en première ligne les plantes textiles de l'Algérie. Les hommes spéciaux qui s'occupent d'une question aussi intéressante ont acquis la certitude que l'on devait s'arrêter à ces dernières comme étant les plus propres à remplacer le chiffon avec avantage, tant sous le rapport de la richesse des produits, que sous le rapport d'une matière première dont la production n'a pas de limites. Voici, du reste, à ce

(1) Parmi les matières premières qui furent soumises à l'expérimentation, nous citerons la paille, l'ortie, le houblon, la mauve, le chiendent, la réglisse, la guimauve, les joncs, le genêt, le sparte, la chenevotte, le sureau, l'écorce de tilleul et de bouleau, les brindilles de hêtre, de saule, de tremble, le bois de sapin fermenté, les tiges crues ou les feuilles cuites de l'artichaut, les tiges de pommes de terre, les lichens, les feuilles d'arbre, le ligneux des asperges, les cosses de pois et de haricots blancs, l'algue marine, les tiges de maïs, les résidus de la pulpe de betterave, etc. Enfin, en 1831, M. Delapierre fit avec l'écorce des bambous et du *mûrier à papier* un papier aussi beau que celui fabriqué en Chine avec ces mêmes matières. Cependant après le ligneux des asperges qui donne un papier supérieur, mais dont on ne peut espérer de faire une industrie, vu la rareté de la matière première, les essais les plus heureux furent les papiers de paille dont le blanchiment s'opère facilement; malheureusement, il manque de solidité et donne un déchet trop considérable.

sujet, de curieux détails que nous empruntons à l'ouvrage de l'un de nos publicistes les plus appréciés en Algérie, M. Jules Duval. (*Catalogue raisonné de l'exposition permanente des produits de l'Algérie.*)

L'*alfa* se trouve répandu à profusion dans le Sahara comme dans le Tell. Outre les ouvrages de sparterie auxquels l'emploient les indigènes, l'industrie européenne vient d'en accroître la valeur en constatant l'aptitude de la pâte qui en provient à la fabrication du papier. Débarrassé de la matière résineuse qui le pénètre, il est réduit à l'état de fils nerveux. Ces fils sont broyés par les cylindres et blanchis par les agents chimiques. On en obtient une pâte à papier des plus fines comme des plus grossières, à volonté. Mêlée à la pâte de chiffon, elle lui donne de la consistance et s'adoucit elle-même par ce mélange.

Le *diss*, graminée très-commune, peut être employée aux mêmes usages.

Le *palmier nain*, dont la production en Algérie peut être considérée comme illimitée, tant ce végétal abonde à peu près partout, a été appliqué avec un égal succès à la fabrication du papier.

Enfin, l'*agane*, vulgairement appelé *aloès*, est presque aussi répandu en Afrique que le cactus. Avec les feuilles, on obtient une filasse dont on peut aussi faire du papier propre, surtout à recevoir des vignettes.

Voilà donc quatre agents naturels qui sont propres à la fabrication du papier et dont on ne saurait contester l'abondance. Il est facile de comprendre dès-lors avec quelle constance les études ont dû se tourner vers une source aussi féconde. Mais, de ce côté, devait se renouveler encore cette série de déceptions inséparables des tâtonnements de la science. Dès les premiers pas, les expériences donnèrent des produits heureux comme résultat, mais à des conditions si onéreuses, que l'on dut renoncer à toute exploitation sérieuse jusqu'à ce que la science, dans sa marche sans cesse progressive, eût trouvé un système économique dans la fabrication. Cependant, malgré les mauvaises conditions d'une découverte encore dans l'enfance, une première société halfasienne s'établit à Courbevoie en 1855 avec quelque chance de succès. Malheureusement cette industrie, déplacée de son véritable but, tomba en rentrant dans le domaine de la spéculation.

Mais pour avoir été mal exploité, le principe n'en restait pas moins avec toutes ses conditions de réussite, de vitalité et de perfectionnement dont il était susceptible. Un de nos plus anciens colons en Algérie, un de nos industriels déjà connu dans nos possessions africaines par ses études scientifiques sur les richesses du sol, avait compris aussi tout l'avenir d'une fabrication de papier par les plantes textiles. Dès ce moment, toute l'activité de son intelligence fut portée sur cette question, et bientôt après des études sérieuses lui valaient l'obtention d'un brevet S. G. D. G., suivi bientôt d'un second brevet de perfectionnement et de marques honorifiques, médailles, etc., à diverses expositions.

Des expériences publiques faites à Toulouse, le témoignage d'hommes sérieux versés dans la science, les résultats obtenus, tout nous prouve que M. Bounevialle a trouvé le mot de l'énigme, et poussé aux dernières limites ce que la société halfasienne n'avait fait qu'ébaucher. L'intérêt qui s'attache à une question aussi grave, nous fait un devoir de nous rendre un compte exact du nouveau procédé que M. Bounevialle offre aujourd'hui comme réunissant toutes les qualités vainement cherchées jusqu'à ce jour (1).

Ce problème que nous signalions tout-à-l'heure est-il entièrement résolu? Les craintes disparaissent, la presse n'est plus menacée d'être arrêtée dans son essor bienfaisant, et nos papeteries peuvent attendre sans crainte les dispositions du traité de commerce avec l'Angleterre.

Les résultats d'un pareil bienfait sont trop sérieux pour que nous ne recherchions pas avec soin ce qu'il peut y avoir d'assuré dans une pareille entreprise. M. Bounevialle a-t-il complétement réussi, son système offre-t-il toutes les conditions d'un avenir certain, incontestable, ou bien cette nouvelle industrie, encore dans l'enfance, est-elle soumise à ses chances aléatoires qui, par un revers de fortune, peuvent être complétement anéanties ? C'est ce que nous nous proposons d'étudier avec soin ; nous aurons donc à envisager ce nouveau système sous le triple point de vue de *l'abondance de la matière première*, de *l'économie dans la fabrication*, enfin *des résultats obtenus*.

§ I. — ABONDANCE DE LA MATIÈRE PREMIÈRE.

Après les détails que nous avons emprunté au travail consciencieux de M. Jules Duval, il est inutile d'insister sur l'abondance de la matière première. Nous avons vu dans cet ouvrage avec quelle profusion sont

(1) Voir le rapport de la commission, page 26.

répandues en Algérie les plantes textiles ; nous n'ajouterons plus qu'une seule observation, c'est que la
puissance de végétation est telle, que, de l'avis de
M. Flechey lui-même, la moisson peut être renouvelée
plusieurs fois dans l'année, sans porter atteinte à la
richesse de pareilles ressources. Grâce à ces plantes
vivaces, dont les racines entremêlées depuis des siècles
ont formé comme une couche à la surface du sol sur
une superficie de plus de 25 millions d'hectares, on
ne saurait craindre un jour la disette en admettant
même une exploitation exagérée. Parfaitement rassurés
de ce côté, nous n'avons plus qu'à envisager la trans-
formation économique des plantes en pâtes à papier.

§ II. — Économie dans la fabrication.

Une des principales causes, avons-nous déjà dit, qui
avaient fait abandonner la fabrication du papier par
les plantes textiles, était les dépenses excessives
constatées dans les premiers essais, et que l'on explique suffisamment par l'inexpérience de ceux qui ex-
ploraient cette voie nouvelle. Nous disions encore que
M. Bounevialle avait obtenu un brevet d'invention
S. G. D. G. ; c'est ici que nous devons expliquer la
nature de ce brevet.

M. Bounevialle ne se présente pas comme ayant in-
venté la fabrication du papier par les plantes textiles
de l'Algérie ; plusieurs inscriptions, prises avant la
sienne, ne permettraient pas un seul instant l'illusion
sur ce point, et nous avons eu le soin d'établir les diverses expériences faites jusqu'à ce jour sur cette matière. Mais en enregistrant les résultats obtenus, nous

avons signalé aussi les lacunes que la science seule pouvait combler. Depuis longtemps, la question principale avait changé de face. La fabrication du papier par les plantes textiles n'était plus un problème, les faits étaient acquis, la difficulté ne reposait plus que sur le système de manipulation des pâtes, très-onéreux d'abord, et que l'on devait réduire à une économie notable sur les prix de revient du chiffon. Cette difficulté ne pouvait se vaincre que par une série d'essais, de tâtonnements, d'expériences incessantes sur l'emploi des agents chimiques, et les divers modes de blanchiment. Grâce à des études journalières, secondées par l'intelligence et cette énergie de caractère qui ne se laisse point rebuter par les obstacles, M. Bounevialle est parvenu à réduire la fabrication à sa dernière expression économique. C'est alors que pour assurer le monopole et la propriété exclusive d'une telle conquête, M. Bounevialle demande au gouvernement un brevet d'invention, s'appliquant surtout aux moyens simplifiés de fabrication.

Quel était, en effet, l'exposé du problème à résoudre, et pour lequel plusieurs primes avaient été offertes ? Trouver un système qui enrichit la papeterie :

1° D'un traitement *complet* et *économique* sur les plantes ou matières filamenteuses qui les rende susceptibles de pouvoir suppléer en tout ou partie aux chiffons ;

2° Il fallait, de plus, que les plantes désignées pussent présenter une source de production intarissable.

Un pareil appel devait faire naître de nombreuses tentatives ; aussi, dès cet instant, de prétendus inventeurs prennent-ils inscription pour des procédés plus ou moins ingénieux. En parcourant l'exposé de ces divers systèmes, une particularité frappe l'esprit tout d'abord. Tous, sans exception, ont travaillé les mêmes matières, aucune plante nouvelle n'est soumise à l'expérimentation, chacun se borne à signaler l'emploi des plantes textiles végétales *connues* et *essayées* depuis un demi-siècle (1). Si, en regard de ces faits de pure observation, on recherche de plus près au point de vue scientifique, l'étude montre bientôt à nu les lacunes d'une œuvre *incomplète*.

C'est alors que M. Bounevialle se présente (6 juillet 1855, telle est la date du brevet), démontre le côté vicieux des essais tentés avant lui, et fait l'exposé d'un procédé complétement nouveau dont le grand mérite est d'être à la fois, simple, actif et surtout peu coûteux. Cette œuvre nouvelle, résultat heureux de quatre années d'études en France et en Angleterre, s'applique spécialement *au dégagement et à l'isolement des filaments des plantes textiles, des substances et matières ligneuses végétales que l'inventeur réduit en filasses et en charpies purifiées de tous les éléments organiques gommeux et résineux qui leur sont adhérents.* Tels sont les termes du brevet.

Expérimenter les plantes textiles, c'était explorer un terrain déjà battu par des recherches nombreuses

(1) Voir les mémoires de M. Desmaret sur la fabrication du papier, de 1808 à 1824. — Le brevet pris le 18 août 1821, par M. Joubert, de Marseille. — Celui du 30 décembre 1824, pris par M. le vicomte Chaptal et M. Darcet. — Celui de MM. Laforest, Berryer fils et Comp^e, pris le 14 novembre 1825. — Enfin, consulter le rapport de M. Jules Lefort sur l'emploi des matières ligneuses à la fabrication du papier.

qui ne permettaient plus à M. Bounevialle de présenter une simple variante de ce que l'on avait fait avant lui. Il fallait trouver un procédé qui comblât les lacunes de ses devanciers, et pût donner, à la fois, le dernier mot d'un tel problème. Pour cela, nous voyons M. Bounevialle reprendre, avec une patience digne d'éloges, toutes les expériences déjà faites sur les plantes textiles, étudiant tous les systèmes, constatant les fautes, recherchant les moyens d'obvier aux erreurs de ses prédécesseurs, et n'établissant sa découverte qu'après avoir acquis, par une analyse minutieuse, la connaissance parfaite de tout ce qui avait été tenté jusque-là.

Certain d'avoir répondu à toutes les objections, il ne reste plus à l'inventeur que de choisir au sein du genre l'espèce la plus propre à la fabrication.

Son procédé est successivement mis en pratique sur un grand nombre de plantes, de substances ligneuses, pouvant être classées en trois catégories.

France : Ecorce intérieure des arbres (tilleul, mûrier blanc, orme, platane, hêtre, figuier). — Tiges du houblon, chiendent, côtes d'orties, genêt, feuilles ou aiguilles du pin, sida-abutillum, peau que l'on trouve dans les coques des vers à soie, ligneux des asperges.

Algérie : Diss, qui y croît en abondance, sparte, palmier nain, palmier à dattes, aloès et arbrisseau qui produit le coton.

Inde : Le jutte, fornium-tenax, chanvre de Bombay, mudax ou yercum fibre.

Toutes ces substances ne sont pas également susceptibles, soit par leur nature, leur rareté, les lieux éloignés d'extraction, les frais de transport, etc., de former la base d'une industrie puissante. Entre toutes, celle qui présente les plus grands avantages, à divers titres, c'est le *diss* que personne encore n'a indiqué (1855), et que M. Bonnevialle adopte spécialement. Les autres substances filamenteuses, sparte, palmier nain, etc., pourront à son gré être employées par l'inventeur ; mais il revendique et signale comme éminemment propre à la fabrication des pâtes à papier le *diss*, dont nul précédent ne saurait lui contester la découverte.

C'est là une affaire d'amour-propre dont nous n'avons pas à nous préoccuper, nous qui ne saurions envisager la question qu'au point de vue de l'intérêt général, qui doit s'attacher au succès d'une invention si précieuse. Après avoir répondu aux trois questions déjà posées comme analyse critique, nous reviendrons plus spécialement sur le mérite de l'inventeur et la richesse de l'invention. Nous n'avons à apprécier maintenant que l'économie dans la fabrication, et pour cela, il n'est pas hors de propos de rappeler ici les cours actuels du chiffon et du papier.

On sait déjà dans quelle proportion s'est manifestée la hausse sur les chiffons depuis peu de temps. Le cours moyen actuel peut être évalué 60 à 65 fr. les 100 kilos, chiffre énorme qui doit s'accroître encore si, comme on nous l'affirme, la spéculation persuade aux Anglais de devancer le traité de commerce pour faire sur nos marchés des achats considérables.

De l'aveu même des fabricants, le papier journal, c'est-à-dire la qualité la plus ordinaire, celle dont les débouchés sont les plus faciles, ne peut pas être donnée aujourd'hui à des prix moindres que ceux de 85 à 90 fr. les 100 kilos.

Pour juger de l'économie dans la fabrication par le système Bounevialle, il nous suffirait de poser ces chiffres, et de les rapprocher de ceux que la science a constatés dans les expériences faites à Toulouse. On verra plus loin, en effet, le rapport de M. Filhol, professeur de chimie à la Faculté des sciences, et pour répondre à notre seconde proposition, il nous suffira d'extraire ce passage :

« L'ensemble des dépenses s'est élevé à 103 fr. 14 c.

« Le poids du papier obtenu était de 216 kilos.

« Ainsi la quantité de pâte nécessaire pour produire 100 kilos de papier a coûté 47 fr. 75 c. »

Ajoutons que ce chiffre, quelque avantageux qu'il puisse être déjà, doit diminuer encore dans une usine appropriée au nouveau système et marchant régulièrement. On comprend, en effet, les frais particuliers que doit avoir entraîné un essai fait en toute hâte dans une papeterie ayant un travail suivi que l'on devait suspendre le moins possible, pour une expérience qui, malgré le succès, ne doit être considérée que comme preuve de ce que l'on peut faire dans un établissement spécial. Du reste, il nous est facile de nous rendre compte plus exactement encore de l'économie apportée dans la fabrication par les prix d'achat, de transport et de manipulation des plantes. Nous ne devons pas seulement cette note à M. Bounevialle, nous avons encore en main la preuve de toute l'exactitude des chiffres. Si nous supposons une usine établie à Toulouse ou dans les environs, nous aurons :

Prix des plantes *franco* à bord en Algérie, les 100 kil. 4 fr. 50 c., chiffre auquel nous ajouterons le déchet

évalué environ à 40 %, ce qui nous donne les 100
kilos. 6 30

Transport d'Afrique à Cette par navires
voiliers. 1 20

De Cette à Toulouse, chemin de fer. .   1 50
                                                     ————

    Soit, rendu à Toulouse. 9 00   9

Fabrication. Pour transformer les plantes en
pâte, les débarrasser du gluten et de toutes les
matières hétérogènes, isoler les filaments, la dépense peut être évaluée par 100 kilos. . . .   10

Blanchiment suivant les qualités de 10 à 15   15
                                                     ————
                                                     25   25

Soit, pour les pâtes blanchies, une dépense de   ————
                                                          34

Arrivées à ce degré de préparation, les pâtes n'exi-
gent pas deux heures de raffinage pour être converties
en papier. Ce chiffre de dépenses pourra varier en
plus ou en moins, suivant les localités où seront éta-
blies les diverses usines ; mais comme le Midi doit à
divers titres revendiquer le monopole de la fabrication,
soit à cause de ses forces hydrauliques, des transports,
de l'économie dans la main-d'œuvre, etc., nous avons
cru pouvoir fixer une moyenne certaine en prenant
Toulouse pour exemple.

Si nous rapprochons ces chiffres des prix actuels du
chiffon et du papier, il est évident que l'économie,
dans la fabrication, est surabondamment prouvée, et
n'est pas moindre de 30 à 40 %, sur la fabrication
actuelle. L'abondance de la matière première a été
constatée ; si l'appréciation des produits répond à
toutes les exigences de la presse, si le papier fabriqué,

au moyen de cette nouvelle substance, renferme en lui-même toutes les qualités diverses du papier chiffon, nous aurons répondu aux trois objections que l'on pouvait opposer. Il ne nous restera plus qu'à courber la tête devant le succès, et à seconder l'homme qui a résolu, par des sacrifices de toute espèce, le grand problème d'une industrie indispensable. A lui la gloire de l'invention, à nous les bienfaits de la découverte, et l'obligation de soutenir, dans sa marche bienfaisante, celui qui consacre toutes les forces de son intelligence au bien-être général.

§ III. — RÉSULTATS OBTENUS.

Nous sommes assez heureux pour avoir, dans l'appréciation des résultats obtenus, le témoignage de deux professeurs dont les noms connus sont d'un grand poids à nos yeux sous le double rapport de la science et de l'honorabilité du caractère. M. Barral, après avoir vérifié la fabrication, a constaté les prix dans une petite usine exploitée par l'inventeur lui-même. Quelle que soit la valeur d'un tel témoignage, nous passerons rapidement pour rapporter surtout les expériences dont nous avons nous-mêmes été témoin à Toulouse, et que M. Filhol, professeur de chimie à la Faculté, a contrôlées comme président de la commission.

Un des principaux industriels de notre ville, M. Rochefort, a bien voulu mettre sa papeterie à la disposition de M. Bounevialle, afin que l'inventeur, mis ainsi au défi, pût expérimenter sous les yeux d'hommes compétents, prouver que les plantes textiles de l'Algérie suffisaient à la fabrication du papier et pouvaient même remplacer avec avantage le chiffon. Les plantes présentées d'abord à l'état naturel ont été soumises, sous la surveillance spéciale d'un membre de la commission, aux diverses manipulations nécessaires pour passer à l'état de papier, et la commission a eu le soin de relater dans un procès-verbal, signé de tous ses membres, les faits qu'elle avait pris à tâche de contrôler. Voici dans quels termes elle s'explique :

Extrait du rapport de M. Filhol, professeur de chimie, président de la commission chargée de l'expérience de fabrication de papier avec les plantes textiles de l'Algérie.

La commission chargée de suivre les opérations que M. Bounevialle se proposait de faire pour la préparation d'une pâte propre à la confection du papier blanc, au moyen de diverses plantes provenant de l'Algérie, a accompli le mandat qu'elle avait accepté.

365 kil. spart ont été soumis à l'action de la vapeur pendant quelques heures.

La plante ramollie, et partiellement décolorée par l'action de la vapeur, d'un mélange de produits chimiques, a été coupée en petits morceaux, soumise à l'action du cylindre effilocheur, blanchie et transformée en papier.

Les opérations ont eu lieu dans la fabrique de M. Rochefort, et sous la surveillance plus spéciale de cet habile industriel, qui a bien voulu noter avec soin les frais entraînés par les diverses manipulations auxquelles on a soumis la plante pour la transformer en pâte à papier.

L'ensemble des dépenses s'est élevé à 103 fr. 14 c.

Le poids du papier obtenu était de 216 kil.

Ainsi, la quantité de pâte nécessaire pour produire 100 kil. de papier a coûté 47 fr. 75 c.

Le papier ainsi obtenu présentait encore une légère teinte jaune verdâtre, il était homogène, et sa tenacité nous a paru fort convenable. Nous pensons qu'il conviendra pour une foule d'usages.

Il n'a été fait sous les yeux de la commission que l'expérience sur le spart, en sorte que le présent rapport concerne cette plante seule.

Toulouse, 4 avril 1860.   Signé : FILHOL.

Suivent d'autres signatures de la commission.

Pour extrait conforme,
BLANC

·On a reconnu :

1º Que le papier fabriqué avec des plantes textiles a plus de force, plus de tenacité, plus de sonorité, que le papier fait avec les chiffons ;

2º Que ce papier employé par la maison Destrem pour papier tenture, est supérieur au papier chiffon de même qualité, qu'il prend mieux les couleurs, et qu'il est arrivé à faire des dessins riches sur ce papier ordinaire, tandis qu'il lui faudrait des qualités de 120 fr. pour faire ces mêmes dessins ;

3º Que le papier journal est composé de :

$$12 \text{ %} \quad \text{chiffon coton ;}$$
$$13 \text{ %} \quad \text{chiffon fil ;}$$
$$75 \text{ %} \quad \text{plantes textiles ;}$$

4º Que cette addition de chiffons peut être sensiblement réduite encore;

5º Que le blanchiment, avec une opération régulière dans une fabrique, aurait été supérieur, sans augmentation de frais.

L'exposition des papiers est permanente dans les magasins de M. Destrem, où le public est admis à les visiter.

Rédigé sans enthousiasme, avec tout le sérieux, toute la gravité d'une analyse scientifique, les faits et les observations présentés dans ce précieux document doivent acquérir à nos yeux d'autant plus d'importance. La science s'est prononcée, nous n'avons plus le droit d'être incrédules.

Là cependant ne devait pas se borner une expérience qui s'offrait déjà avec tout le prestige du succès. Le papier était sorti de la machine avec toutes les conditions d'une excellente fabrication ; il restait encore à faire l'essai de ces nouveaux produits. La presse toulousaine était représentée par le spirituel feuilletoniste de l'*Aigle*, et, sur sa demande, une certaine quantité du papier fabriqué sous ses yeux lui fut donnée. Quelques jours après, le journal paraissait imprimé sur ce produit d'une nouvelle espèce, et le rédacteur déclarait en tête de la première colonne que, désormais, l'*Aigle* emploierait ce papier pour son tirage ordinaire, sitôt que l'inventeur aurait organisé sa fabrique. D'un autre côté, une maison, à laquelle nous sommes heureux de rendre hommage, a eu l'heureuse idée de soumettre ces papiers d'une nouvelle composition au travail de ses ateliers. M. Destrem, que nous ayons toujours vu le premier encourager les progrès de l'industrie, et qui a su, par une intelligente direction, faire de sa fabrique un des premiers établissements du Midi, a exposé pendant plusieurs jours dans ses magasins des impressions sur papiers fabriqués avec les plantes textiles de l'Algérie. Naturellement on s'est borné d'abord à imprimer les couleurs réservées exclusivement aux papiers communs, et le résultat a tellement dépassé les espérances que l'on a cru pouvoir faire un essai audacieux peut-être, mais décisif en faveur du système de M. Bounevialle. Les impressions riches ne se faisant jamais que sur des feuilles de 105 à 120 fr. les 100 kil., expérimentées sur les papiers fabriqués par le nouveau procédé, sont sorties avec une pureté admirable. On s'est convaincu de la sorte qu'un des grands avantages de ces produits employés comme *papier tenture* était de retenir la couleur, de se l'approprier facilement, et d'arriver ainsi à un résultat que le papier chiffon de la même qualité n'aurait jamais pu atteindre. Ajoutons encore que ces mêmes papiers pourraient être livrés à 75 fr., au lieu de 120 fr. les 100 kil.

Enfin, si nous résumons les expériences faites à l'usine Rochefort, nous trouvons, d'une part, le papier tenture dont on ne saurait contester le mérite; un papier journal dont les moindres qualités sont la sonorité, l'énergie, une force et une résistance telles, que le fabricant peut introduire à son gré une certaine quantité de matières étrangères. Un autre argument s'élève encore en faveur de cette fabrication, puisque pour amoindrir les avantages économiques que nous avons signalés, nous ne trouvons aucune de ces lacunes inséparables d'une nouvelle manipulation industrielle. Trop souvent, il faut l'avouer, les bas prix que l'on obtient parfois dans les diverses branches commerciales sont le résultat d'opérations particulières, de mélanges étrangers qui constituent l'économie en augmentant la quantité au détriment de la qualité. Ici on ne saurait formuler pareille accusation, et si l'on avait à constater une différence avec les papiers de chiffon, cette différence ne saurait être qu'en faveur de la fabrication au moyen des plantes textiles. Aussi est-ce avec une conviction profonde, jointe au respect que doit inspirer tout ce qui est grand dans ses conceptions, bienfaisant dans ses conséquences, que nous nous inclinons devant l'homme qui sut, par une étude intelligente, doter la France d'une découverte dont on ne saurait contester la haute importance. Quelques doutes pourraient-ils s'élever encore sur la vérité, l'authenticité des résultats que nous avons signalés, M. Bounevialle accepte toutes les discussions, heureux de pouvoir répondre, par des preuves, aux arguments que la science ou la jalousie pourraient lui opposer. Explorant un chemin déjà frayé par d'autres, M. Bounevialle, plus heureux que ses prédécesseurs, a su franchir la dernière étape qui le séparait du but. D'autres systèmes pourront, à côté du sien, exploiter les plantes textiles de l'Algérie pour la fabrication des pâtes à papier, essais morts-nés que la fièvre de la concurrence pourra faire naître, mais qui

devront fatalement tomber devant une production économique qu'aucun autre procédé ne saurait égaler.
Est-ce là des promesses banales de toute spéculation
nouvelle ? À l'œuvre on connaît l'artisan, dit un pro-
verbe, et M. Bounevialle ne demande pas mieux que
de prouver, par le travail, que son œuvre répond non-
seulement à toutes les exigences de la presse, mais
encore que nul, en dehors de son système, ne peut
arriver aux mêmes résultats.

Non-seulement M. Bounevialle offre de répéter pu-
bliquement les expériences dont nous avons rendu
compte, mais encore il fait appel à tout inventeur
d'une fabrication basée sur les mêmes matières, convaincu d'avance que tous les systèmes, quel que soit
leur mérite, devront s'incliner devant la valeur incontestable du procédé qu'il ne craint pas de présenter
comme répondant à toutes les difficultés du problème
à résoudre.

Nous avons envisagé cette invention sous toutes ses
faces, les faits les mieux établis ont répondu aux trois
questions que nous avions posées comme devant nous
guider dans une appréciation complète, et à défaut des
faits, le succès nous eût encore convaincus. Ainsi donc
se trouve résolue cette grave question de la papeterie en France, et nous n'avons plus à craindre les
développements toujours croissants d'une industrie
rivale. En présence d'une telle découverte, pourquoi
redouterions-nous le traité de commerce avec l'Angleterre ? Qu'importe que la prohibition des chiffons à la
sortie soit levée comme la prohibition à l'entrée. Les
fabricants anglais pourront venir prendre chez nous
une matière première pour laquelle se sont élevées de

si chaleureuses réclamations ; mais le véritable sujet
de toutes ces doléances n'existe plus, cette matière
première ne trône plus chez nous en maîtresse exclusive. Nous devons à nos possessions africaines, si riches,
si fécondes pour la science, de conserver encore cette
prépondérance que les papiers français n'ont jamais
cessé d'exercer sur les produits similaires étrangers.
Que nous fait maintenant l'exportation des chiffons,
s'il est une matière pour laquelle des vœux aussi
ardents puissent être adressés jusqu'au pied du trône,
s'il est un monopole que l'industrie française veuille
revendiquer à l'exclusion de toutes les autres puis-
sances, c'est la libre exploitation des plantes textiles
pour les besoins de nos papeteries. Gardons pour nous
seuls une substance aussi précieuse. En dehors de la
fabrication des papiers, la science peut encore assigner
aux plantes filamenteuses une destination non moins
utile. Le sol de l'Algérie est une mine inépuisable dont
la science et l'observation pourront extraire le diamant
le plus pur. Soyons esclaves de nos richesses comme
l'avare l'est de son or ; nos fils nous sauront gré plus
tard des trésors accumulés pour eux, et nos espérances ne se réaliseraient-elles pas, les plantes filamenteuses seraient-elles limitées à la fabrication des papiers,
qu'un simple aperçu sur une question aussi grave
suffirait pour apprécier les bienfaits d'une prohibition
complète.

Nul ne se dissimule, en effet, tout l'avenir de nos
papeteries, d'une industrie basée sur l'exploitation
des plantes textiles. La rareté toujours croissante du
chiffon, les exigences toujours nouvelles de la presse
avaient fait de la fabrication des papiers un des pro-

blèmes les plus sérieux de notre époque. Le résoudre
était non-seulement rendre un service éminent à nos
usines, mais encore conserver à la France une de ses
plus vieilles gloires nationales. Tant que M. Bounevialle s'est présenté à nous avec les assertions et les
calculs d'un inventeur amoureux de sa découverte, le
doute était possible. Aujourd'hui l'évidence frappe les
plus incrédules, la science a contrôlé les faits, et
l'expérience publique, dont nous avons été témoins, ne
permet plus aux esprits les moins aventureux de craindre encore. S'il est prudent de n'accepter qu'avec beau-
coup de réserve les promesses souvent exagérées d'une
industrie nouvelle, il y a folie de douter après le succès. Nous assistons aux premiers développements d'une
de ces phases lumineuses que la Providence semble
envoyer à temps à toute branche qui tombe pour lui
donner une nouvelle vie. Mais s'il nous est possible de
signaler le point de départ, nul ne peut prévoir la
limite extrême à laquelle s'arrêtera une découverte
aussi féconde. A côté de l'intérêt commercial, surgit
encore une question plus vaste, plus grandiose, celle
de la communication des idées rendue plus facile dans
les masses par la modicité du prix des livres. L'industrie de la papeterie doit renaître de ses cendres : étouf-
fée naguère sous une production restreinte, elle voit
se dérouler devant elle un horizon immense. La mani-
festation de la pensée n'aura pas plus de bornes que la
pensée elle-même, et la France, après avoir étonné
l'Europe par les armes, prouvera encore au monde
qu'elle sait aussi conserver, par l'étude et le travail,
les plus beaux apanages de sa couronne.

AVIS

Pour tous les renseignements dont on pourrait avoir besoin soit pour prendre une participation d'intérêt dans les Mines métalliques, soit pour la fabrication, s'adresser à Toulouse, rue Mirepoix, 51.